BEI GRIN MACHT SICH IHR WISSEN BEZAHLT

- Wir veröffentlichen Ihre Hausarbeit, Bachelor- und Masterarbeit

- Ihr eigenes eBook und Buch - weltweit in allen wichtigen Shops

- Verdienen Sie an jedem Verkauf

Jetzt bei www.GRIN.com hochladen und kostenlos publizieren

Mona Marwan

Versöhnung und Vergebung im Christentum und Islam

GRIN Verlag

Bibliografische Information der Deutschen Nationalbibliothek:

Die Deutsche Bibliothek verzeichnet diese Publikation in der Deutschen National-
bibliografie; detaillierte bibliografische Daten sind im Internet über http://dnb.d-
nb.de/ abrufbar.

Impressum:

Copyright © 2008 GRIN Verlag, Open Publishing GmbH
Druck und Bindung: Books on Demand GmbH, Norderstedt Germany
ISBN: 978-3-640-69676-5

Dieses Buch bei GRIN:

http://www.grin.com/de/e-book/155957/versoehnung-und-vergebung-im-christen-
tum-und-islam

GRIN - Your knowledge has value

Der GRIN Verlag publiziert seit 1998 wissenschaftliche Arbeiten von Studenten, Hochschullehrern und anderen Akademikern als eBook und gedrucktes Buch. Die Verlagswebsite www.grin.com ist die ideale Plattform zur Veröffentlichung von Hausarbeiten, Abschlussarbeiten, wissenschaftlichen Aufsätzen, Dissertationen und Fachbüchern.

Besuchen Sie uns im Internet:

http://www.grin.com/

http://www.facebook.com/grincom

http://www.twitter.com/grin_com

Inhaltsverzeichnis

1. Vorwort

Ich möchte in meiner Arbeit der Frage nachgehen, wie sich Versöhnung im Christentum und im Islam jeweils gestaltet. Ich werde dabei in Hinblick auf die Struktur meiner Arbeit so vorgehen, dass ich zu Beginn das Verständnis von Vergebung im Islam darstelle. Anschließend gehe ich erst auf den Versöhnungsgedanken im Christentum ein. Der Grund dafür, dass ich als Studentin der evangelischen Theologie nicht mit der Sichtweise des Christentum beginne, liegt darin, dass ich wirklich versuchen möchte, die Perspektive der Muslime bezüglich der Thematik „Versöhnung" einzunehmen, deren Gedanken nachvollziehen zu können und dadurch so neutral wie möglich diese (möglichst auf der Basis von Koran-Textstellen) zu beschreiben. Erst in einem zweiten Schritt werde ich also den mir vertrauten Versöhnungsgedanken durch Jesus Christus im Christentum aufzeigen. Diese Vorgehensweise ist zum Einen etwas schwieriger, da man sich im Bereich der eigenen Glaubensinhalte genauer auskennt und natürlich auch in gewisser Weise davon geprägt ist. Zum anderen ist einem die „andere" Religion (hier der Islam) und deren Sichtweise, noch etwas „fremd" und man weiß leider viel zu wenig darüber. Aber gerade diese „Fremdheit" sollte überwunden werden, so dass man sich der „anderen" Religion annähert, auch wenn man das nur durch kleine Schritte tut. Da ich mir in meiner Hausarbeit intensiv über den Dialog zwischen Christen und Muslimen Gedanken mache, finde ich es wichtig, der „anderen" Religion, einen gewissen „Vortritt" einzuräumen.

2. Zentrale Fragestellung

Kann es einen christlich-muslimischen Dialog über Jesus geben? Wenn ja, wie könnte dieser aussehen?

3. Versöhnung und Vergebung im Islam

3.1 Der Gottesbegriff im Islam

Der Islam gehört zu den monotheistischen Religionen, d.h. der Glaube an *einen* Gott, an Allah, ist, im Gegensatz zum Polytheismus, der Vielgötterei, die vom Islam ganz deutlich abgelehnt wird, vorherrschend. [1] Im Koran wird die Einzigkeit Gottes betont:

---

[1] Vgl. Krötke, Wolf: Sind monotheistische Religionen besonders >>anfällig<< für Gewalt? In: Reinhard Hempelmann, Johannes Kandel (Hrsg.): Religionen und Gewalt. Konflikt- und Friedenspotentiale in den Weltreligionen. Band 51. Göttingen 2006. S. 47-62.

3

„Sprich: 'O ihr Menschen, ich bin für euch alle ein Gesandter Allahs, Dessen das Königreich der Himmel und der Erde ist. Es ist *kein Gott außer Ihm*. Er macht lebendig und läßt sterben. Darum glaubt an Allah und an Seinen Gesandten, den Propheten, der des Lesens und Schreibens unkundig ist, der an Allah und an Seine Worte glaubt; und folgt ihm, auf daß ihr rechtgeleitet werden möget.'" (Sure 7,158) [2]

Überdies ist Gott der Schöpfer von Himmel und Erde. An seiner Tätigkeit als Schöpfer erkennt man als weitere Eigenschaft Allahs seine Allmächtigkeit und Allwissenheit:

„Alles Lob gebührt Allah, dem Schöpfer der Himmel und der Erde, Der die Engel, mit je zwei, drei und vier Flügeln, zu Boten gemacht hat. Er fügt der Schöpfung hinzu, was Ihm gefällt; Allah hat wahrlich Macht über alle Dinge." (Sure 35,1) [3]
„Was Allah den Menschen an Barmherzigkeit gewährt, das kann keiner zurückhalten; und was Er zurückhält, das kann nach Ihm keiner freigeben; und Er ist der Allmächtige, der Allweise." (Sure 35,2) [4]

Aus der Allmächtigkeit, Allwissenheit und Einzigkeit Allahs resultiert eines der wichtigsten Merkmale Allahs, seine Barmherzigkeit den Menschen gegenüber:

„O ihr Menschen, gedenkt der Gnade Allahs gegen euch. Gibt es einen Schöpfer außer Allah, der euch vom Himmel und von der Erde her versorgt? Es ist kein Gott außer Ihm. Wie könnt ihr euch da (von Ihm) abwenden?" (Sure 35,3) [5]

3.2 Vergebung durch die Barmherzigkeit Allahs

Die Barmherzigkeit Gottes (l-rahman, rahim = der Barmherzige) gilt also als eine der herausragenden Eigenschaften Gottes im Islam. Das lässt sich schon daran festmachen, dass die Eröffnung des Korans (Al-Fatiha), die gleichzeitig das Grundgebet des Islams darstellt, folgendermaßen aussieht: [6]

„Im Namen Allahs, des Allerbarmers, des Barmherzigen.

Alles Lob gebührt Allah, dem Herrn der Welten,

dem Allerbarmer, dem Barmherzigen,

dem Herrscher am Tage des Gerichts!

Dir (allein) dienen wir, und Dich (allein) bitten wir um Hilfe.

Führe uns den geraden Weg,

den Weg derer, denen Du Gnade erwiesen hast, nicht (den Weg) derer, die (Deinen) Zorn erregt haben, und nicht (den Weg) der Irregehenden." (Sure 1) [7]

Der Mensch kann sich auf Gottes Barmherzigkeit verlassen, wenn er seine Fehler einsieht, umkehrt und sich bessert in Zukunft:

Euer Herr hat sich zur Barmherzigkeit verpflichtet. Wenn einer von euch in Ungewissheit Böses tut und dann später umkehrt und sich bessert findet er Gnade. Gott ist barmherzig und bereit zu vergeben." (Sure 6,54) [8]

---

[2] http://www.chj.de/Koran/Einzelsuren/Sure007.html.
[3] http://www.chj.de/Koran/Einzelsuren/Sure035.html.
[4] Ebd.
[5] Ebd.
[6] Vgl. http://www.al-sakina.de/inhalt/artikel/amg/bechm/bechm.html.
[7] http://www.chj.de/Koran/Einzelsuren/Sure001.html.

Die Bedeutsamkeit der Barmherzigkeit Gottes im Koran ist daran erkennbar, dass alle 114 Suren (außer Sure 9) mit folgender Einleitung beginnen:

„Im Namen des gnädigen und barmherzigen Gottes [...]." [9]

Gottes Barmherzigkeit ist grenzenlos:

„[...] Meine Barmherzigkeit umfaßt alle Dinge [...]." (Sure 7,156) [10]

Wenn ein Mensch gläubig ist und dennoch gesündigt hat und er aber hinterher seine Schuld einsieht und Gott um Vergebung bittet, vergibt ihm Gott und belohnt diese Einsicht, indem er ihm den Eintritt ins Paradies gewährt:

„Und diejenigen, die - wenn sie etwas Schändliches getan oder gegen sich gesündigt haben - Allahs gedenken und für ihre Sünden um Vergebung flehen; und wer vergibt die Sünden außer Allah? - und diejenigen, die nicht auf dem beharren, was sie wissentlich taten;
für diese besteht ihr Lohn aus Vergebung von ihrem Herrn und aus Gärten, durch die Bäche fließen; darin werden sie ewig sein, und herrlich ist der Lohn der Wirkenden."
(Sure 3,135/136) [11]

Diese eben angesprochene Einsicht des Menschen in seine Fehler, die Umkehr bzw. Buße umfasst, dass der Mensch zum Einen Gott um Vergebung bittet und sich zum Anderen ganz klar von diesem Tun abwendet und es in Zukunft unterlässt. Wenn der Mensch diesen Schritt der Buße getan hat, wendet sich Gott dem Sünder wohlwollend und gnädig zu:

„Wissen sie denn nicht, daß es Allah allein ist, Der von Seinen Dienern Reue annimmt und Almosen entgegennimmt, und daß Allah der Allvergebende, der Barmherzige ist?
Und sprich: 'Wirkt! Allah wird euer Wirken sehen, und so (auch) Sein Gesandter und die Gläubigen. Und ihr sollt zu dem Kenner des Verborgenen und des Offenbaren zurückgebracht werden; dann wird Er euch verkünden, was ihr zu tun pflegtet.'"
(Sure 9,104/105) [12]

Der Sünder soll Allah fürchten, an ihn glauben und Reue zeigen. Dann bekommt der Mensch einen großen Teil der Barmherzigkeit Gottes von ihm geschenkt, d.h. Allah vergibt dem Sünder und leitet ihn wieder richtig. Die Muslime sind also durchaus in der Lage die Gnade Gottes zu erhalten, denn dadurch, dass Allah allmächtig ist verfügt er allein über die Gnade und gibt sie, wem er will: [13]

„O ihr, die ihr glaubt, fürchtet Allah und glaubt an Seinen Gesandten! Er wird euch einen doppelten Anteil von Seiner Barmherzigkeit geben und wird euch ein Licht bereiten, worin ihr wandeln werdet,

---

[8] http://www.chj.de/Koran/Einzelsuren/Sure006.html.
[9] http://www.islaminstitut.de/uploads/media/BusseundVergebung.pdf#.
[10] http://www.chj.de/Koran/Einzelsuren/Sure007.html.
[11] http://www.chj.de/Koran/Einzelsuren/Sure003.html.
[12] http://www.chj.de/Koran/Einzelsuren/Sure009.html.
[13] Vgl. http://www.islaminstitut.de/uploads/media/BusseundVergebung.pdf#.

und wird euch vergeben - und Allah ist Allvergebend, Barmherzig-,

damit die Leute der Schrift nicht meinen, daß sie (die Muslime) nicht imstande seien, die Huld Allahs zu erlangen, und (damit sie wissen), daß die Huld in Allahs Hand ist, auf daß Er sie verleihe, wem Er will. Und Allah verfügt über die große Huld."

(Sure 57,28/29) [14]

3.3 Grenzen bezüglich Allahs Barmherzigkeit

Es gibt allerdings eine Ausnahme in Hinblick auf die Sündenvergebung Allahs, bei der der Sünder keine Vergebung erfährt: Es ist der Unglaube, der im Gericht Gottes keinesfalls vergeben, sondern hart bestraft wird:

„Diejenigen aber haben keine Vergebung zu erwarten, die schlechte Taten begehen, und die erst, wenn sie zum Sterben kommen, sagen: 'Jetzt kehre ich um.' Auch diejenigen nicht, die als Ungläubige sterben. Für sie haben Wir eine schmerzhafte Strafe bereitet." (Sure 4,18) [15]

Diese Koran-Stelle zeigt zwei Ausnahmen auf, bei denen Gott dem Menschen keine Vergebung schenkt. Erstens wird den Ungläubigen, die sich mit ihrem Unglauben endgültig von Gott abwenden, nicht von Gott verziehen. Als Ungläubige gelten im Islam Menschen, die nicht an Gott glauben sowie Götzendiener, die mehrere Götter anbeten. Zweitens wird denjenigen nicht vergeben, die kurz vor dem Tod Angst vor dem Gericht Gottes und einer möglichen Strafe bekommen und die somit allein aus Berechnung Reue zeigen; eine Art der Reue, die gar nicht ehrlich gemeint ist, weil sie nicht von Herzen kommt. Überdies gibt es eine dritte Ausnahme, in der Gott sich nicht barmherzig und gnädig zeigt: Der Koran warnt davor, dass Allah absichtlich begangene Sünden nicht verzeiht, die Allah aufgrund seiner Allwissenheit und Weisheit sofort erkennt, da man Allah nichts vormachen kann:

„Nur diejenigen haben bei Allah Vergebung zu erwarten, die in Unwissenheit Böses tun und hierauf beizeiten umkehren. Diesen wendet Sich Allah wieder gnädig zu; und Allah weiß Bescheid und ist Allweise." (Sure 4,17) [16]

Auch wenn Gott dem Sünder schon Vergebung geschenkt hat, muss der Mensch seine Sünden wiedergutmachen. Gute Werke, die der Menschen tut (z.B. Beten oder Fasten) sind dazu nötig und werden von Gott belohnt und als sündenvergebend angesehen: [17]

„Wetteifert nach guten Werken [...]." (Sure 2,148) [18]
„All denen, die glauben und gute Werke verrichten, wird er [Allah] den vollen Lohn auszahlen und ihnen aus Gnade noch draufgeben [...]." (Sure 4,173) [19]

---

[14] http://www.chj.de/Koran/Einzelsuren/Sure057.html.
[15] http://www.chj.de/Koran/Einzelsuren/Sure004.html.
[16] http://www.chj.de/Koran/Einzelsuren/Sure004.html.
[17] Vgl. http://www.islaminstitut.de/uploads/media/BusseundVergebung.pdf#.
[18] Schedl, Claus: Muhammad und Jesus. Die christologisch relevanten Texte des Korans neu übersetzt und erklärt von Claus Schedl. Wien 1978. S. 360.

3.4 Jesus im Koran

Insgesamt wird Jesus im Koran in fünfzehn Suren mit jeweils unterschiedlicher Betitelung erwähnt. Jesu Geburt durch die Jungfrau Maria wird als göttliches Wunder beschrieben, wobei Jesus und Maria nicht verherrlicht werden, vielmehr wird Gott das Lob zugesprochen. Jesu Geburt ist kein Zeichen für die Besonderheit Jesu, sondern sie verweist auf die Einzigkeit und Besonderheit Gottes. Jesus ist lediglich ein Prophet, ein Gesandter, ein Diener und Knecht Gottes, der die Offenbarung Gottes, das Evangelium, empfängt:

> „Er (Jesus) sagte: 'Ich bin ein Diener Allahs; Er hat mir das Buch gegeben und mich zu einem Propheten gemacht.'" (Sure 19,30) [20]

Jesus bringt die Botschaft Gottes, in der er nicht sich selbst, sondern Gott als den einen anbetungswürdigen Herrscher über alle Menschen verkündet.

Zu dieser Botschaft Jesu gehört auch die Ankündigung des Propheten Muhammads:

> „Und da sagte Jesus, der Sohn der Maria: 'O ihr Kinder Israels, ich bin Allahs Gesandter bei euch, der Bestätiger dessen, was von der Thora vor mir gewesen ist, und Bringer der frohen Botschaft eines Gesandten, der nach mir kommen wird. Sein Name wird Ahmad sein.'" (Sure 61,6) [21]

Darüber hinaus vollbringt Jesus aufgrund zwei wichtiger Prämissen Wunder. Zum einen hat Gott Jesus ab dem Zeitpunkt seiner Geburt bereits mit dem „Geist der Heiligkeit" gestärkt. Zum anderen kann Jesus nur durch den Willen und die Erlaubnis Allahs Wunder tun:

> „Wenn Allah sagen wird: O Jesus, Sohn der Maria, gedenke Meiner Gnade gegen dich und gegen deine Mutter; wie Ich dich stärkte mit der *heiligen Eingebung* - du sprachst zu den Menschen sowohl in der Wiege als auch im Mannesalter; und wie Ich dich die Schrift und die Weisheit lehrte und die Thora und das Evangelium; und wie du *mit Meiner Erlaubnis* aus Ton bildetest, was wie Vögel aussah, du hauchtest ihm dann (Atem) ein, und es wurde *mit Meiner Erlaubnis* zu (wirklichen) Vögeln; und wie du *mit Meiner Erlaubnis* die Blinden und die Aussätzigen heiltest; und wie du *mit Meiner Erlaubnis* die Toten erwecktest;'"
> (Sure 5,110) [22]

Im Koran wird die Gottähnlichkeit bzw. Gottessohnschaft Jesu strikt abgelehnt. Gott ist nicht der Vater Jesu, sondern sein Herr. Jesus dient Gott in dieser Position als Knecht, wobei er keine herausragende Rolle als Gottessohn einnimmt. Jesus ist keine Ausnahme; er ist ein Knecht Gottes, wie die anderen Propheten auch:

> „Von allen im Himmel und auf Erden, kommt keiner zum Erbarmer außer als Knecht." (Sure 19,93) [23]

Die Bezeichnung Jesu als „Messias" hat im Koran keinesfalls eine christlich-theologische Bedeutung im Sinne der Zwei-Naturen-Lehre (Jesus ist halb Mensch,

---

[19] Ebd. S. 476.
[20] http://www.chj.de/Koran/Einzelsuren/Sure019.html.
[21] http://www.chj.de/Koran/Einzelsuren/Sure061.html.
[22] http://www.chj.de/Koran/Einzelsuren/Sure005.html.
[23] Schedl, Claus: Muhammad und Jesus. Die christologisch relevanten Texte des Korans neu übersetzt und erklärt von Claus Schedl. Wien 1978. S. 242.

halb Gott). Aufgrund seiner Schöpfertätigkeit, Allmächtigkeit und Allwissenheit hat

bzw. braucht Gott weder Kind noch Gefährtin:

„Es steht Allah nicht zu sich ein Kind zu nehmen, Preis ihm! Wenn er einen Befehl beschließt, so spricht er ‚Es werde!' und es wird!" (Sure 19,35) [24]
„Der wundervolle Schöpfer von Himmel und Erde, wie soll der ein Kind haben, wo er doch keine Gefährtin hat! ER schuf alle Wesen und weiß um alle Wesen!" (Sure 6,101) [25]
„Sie sagen: Der Erbarmer hat sich einen „Sohn" genommen.
Wahrlich etwas Ungeheuerliches habt ihr begangen!
Schier müßten die Himmel zerreißen, die Erde sich spalten, die Berge in Trümmer sinken
darob, daß sie dem Erbarmer einen „Sohn" nachsagen.
Unwürdig ist's, vom Erbarmer (zu sagen),
er habe sich einen „Sohn" genommen!"
(Sure 19,88-92) [26]

Die Betitelung Jesu als Gottessohn wird an dieser Stelle als empörend und

skandalös dargestellt sowie als unerhörte Unterstellung bezeichnet. Derjenige, der

Jesus als Gottes Sohn betrachtet, stellt damit Allahs Würde, Weisheit und

Allmächtigkeit in Frage. Denn Gott als der Einzige duldet keinen Teilhaber an seiner

Seite. Die Christen, die an Jesus als Gottes Sohn glauben, werden sogar mit den

„Ungläubigen" gleichgestellt, die von Gott bekämpft werden sollten, weil sie vom

rechten Glauben abgekommen seien:

„[...] Und die Christen sagen: ‚Der Messias ist Gottes Sohn. [...]' Das ist ihre Rede aus ihrem eigenen Munde. Damit reden sie wie die, die vorher ungläubig waren. Gott bekämpfe sie! Wie leicht lassen sie sich doch abwenden!" (Sure 9,30) [27]

Ferner gehen die Vorwürfe den Christen gegenüber, die auch aufgrund ihres

Glaubens an den dreieinigen Gott als ungläubig bezeichnet werden, noch weiter.

Denn ebenso, wie der Koran die Göttlichkeit Jesu ablehnt, weist er auch die

Vorstellung von der Trinität entschieden zurück:

„Und sagt nicht: Der. Hört auf, das ist besser für euch. Gott ist doch ein einziger Gott." (Sure 4,171) [28]
„Ungläubig sind diejenigen, die sagen: ‚Gott ist der Dritte von dreien', wo es doch keinen Gott gibt, außer einem einzigen Gott. Wenn sie mit dem, was sie sagen, nicht aufhören, so wird diejenigen von ihnen, die ungläubig sind, eine schmerzhafte Pein treffen." (Sure 5,73) [29]

Aus dieser Koran-Stelle geht hervor, dass all diejenigen, die von Trinität sprechen,

irren und ungläubig seien, da es nur einen Gott gebe und mit Trinität würde man

fälschlicherweise aussagen, Gott sei nicht der eine, sondern nur „der Dritte von

---

[24] Ebd. S. 200.
[25] Ebd. S. 269.
[26] Ebd. S. 242.
[27] Bauschke, Martin: Jesus im Koran. Köln, Weimar, Wien 2001. S. 73.
[28] Ebd. S. 75.
[29] Ebd. S. 75.

dreien". Weiterhin wird diesen „ungläubigen" Vertretern der Trinitätslehre gedroht. Sie sollen aufhören, von Dreieinigkeit zu sprechen, sonst werden sie bestraft.

Ein Großteil der Muslime lehnt die Kreuzigung Jesu ab und vertritt vielmehr die Substitutionstheorie, die besagt, dass ein anderer an Jesu Stelle gekreuzigt wurde. Darüber herrscht keine eindeutige bzw. einheitliche Klarheit. Eindeutig ist im Koran hingegen, dass Gott derjenige ist, der Jesus als gewöhnlichen Menschen eines natürlichen Todes sterben lässt, da Gott keinem Menschen Unsterblichkeit verliehen hat. Ferner ist es allein Gott, der Jesus zu sich ruft bzw. der ihn heimholt: [30]

„Ich will dich, o Jesus, der Menschen Tod sterben lassen, zu mir erheben und dich von den Anwürfen der Ungläubigen reinigen."
(Übersetzung Lion Ullmanns von Sure 3,55) [31]

4. Versöhnung und Vergebung im Christentum im Vergleich zum Islam

Das Christentum ist eine monotheistische Religion (Vgl. 2. Mose 20, 1-3). Dieses Wesensmerkmal des Monotheismus ist im Christentum, Judentum und Islam vorherrschend. Wegen dieser und noch anderer Ähnlichkeiten bezeichnet man diese drei Religionen als Abrahamitische Religionen. [32]

4.1 Vergebung Gottes durch Jesus Christus im Christentum

Im Christentum ist (wie im Islam) eines der wichtigsten Wesensmerkmale Gottes seine Barmherzigkeit:

„Gnädig und barmherzig ist der Herr, geduldig und von großer Güte." (Psalm 145,8) [33]
„Denn Gott war in Christus und versöhnte die Welt mit sich selber und rechnete ihnen ihre Sünden nicht zu und hat unter uns aufgerichtet das Wort von der Versöhnung." (2.Korinther 5,19) [34]
„Wir beginnen den Weg zum Glück [bzw. zur Gnade] nicht als Suchende, sondern als schon Gefundene." (Dorothee Sölle) [35]

Ein unterschiedliches Verständnis zwischen Islam und Christentum besteht darin, *wie* und *wodurch* Gott seine Barmherzigkeit zeigt. Denn wie das u.a. das eine, gerade angeführte, neutestamentliche Zitat zeigt, hat Gott sich mit den Menschen auf der Welt durch das Senden seines Sohnes Jesu Christi versöhnt. Wenn man im Christentum von Versöhnung spricht, bezieht man sich immer auf den Sohn Gottes,

---

[30] Vgl. Bauschke, Martin: Jesus im Koran. Köln, Weimar, Wien 2001.
[31] Ebd. S. 112.
[32] Vgl. http://www.bible-only.org/german/handbuch/Abrahamitische_Religionen.html.
[33] Bormann, Lukas: Neues Testament. In: Gottfried Orth (Hrsg.): Theologie kompakt. Stuttgart 2003. S. 105.
[34] Die Evangelische Kirche in Deutschland (Hrsg.): Die Bibel. Nach der Übersetzung Martin Luthers. Bibeltext in der revidierten Fassung von 1984. Lutherbibel Sonderausgabe. Stuttgart 1991.
[35] Orth, Gottfried: Gnade. In: Britta Hübener, Gottfried Orth (Hrsg.): Wörter des Lebens. Das ABC evangelischen Denkens. Stuttgart 2007. S. 98.

Jesus Christus, unserem Erlöser. Versöhnung könnte nicht ohne Christus, getrennt von ihm gedacht werden. Seine Bedeutsamkeit als Sohn Gottes existiert im Islam nicht. Wie ich bereits erwähnt habe, gilt Jesus im Koran lediglich als Prophet. Gottes Barmherzigkeit hat ihren Ursprung ebenfalls, wie im Islam, in der Schöpfung. Gott ist allmächtig und hat dadurch den Menschen *bewusst* so geschaffen, wie er ist. Gott liebt den Menschen mit all seinen Fehlern und Sünden. Ein Unterschied zum Islam besteht darin, dass Gott den „Christmenschen" als Ebenbild Gottes (Vgl. 1.Mose 1,27), als Partner Gottes geschaffen hat:

> „[...] entscheidend ist, dass wir [aufgrund unserer Gottebenbildlichkeit] fähig sind, *wie Gott* zu handeln; machtvoll, Leben erweckend, kreativ, verändernd. Ein Ebenbild Gottes sein heißt in diesem Sinne an der Macht partizipieren, Mitschöpfer sein." (Dorothee Sölle) [36]

Adams Sünde im Paradies (1.Mose, 3), die darin bestand, dass er sich dem Gebot Gottes widersetzte, brachte Sünde über alle Menschen auf der Welt, so dass der Mensch seit dem Sündenfall „böse" ist. Unter „Sünde" versteht man im Christentum die Trennung von Gott. Wenn man sich von Gott absondert, sündigt man. [37]

Das Resultat des Sündenfalls besteht also darin, dass der Mensch aus eigener Kraft nichts tun kann, um diese Schuld bei Gott wieder gutzumachen. Aufgrund der Tatsache, dass sich der Mensch nicht selbst rechtfertigen kann, ist die Versöhnung mit Gott nur durch den Tod Jesu möglich: [38]

> „Denn Gott war in Christus und versöhnte die Welt mit sich selber und rechnete ihnen ihre Sünden nicht zu und hat unter uns aufgerichtet das Wort von der Versöhnung." (2.Kor 5,19) [39]

Die Gottebenbildlichkeit des Menschen und die Erbsünde gibt es im Koran nicht, da der allmächtige, transzendente Gott über allen menschlichen Geschöpfen steht. Das Zitat von Dorothee Sölle zur Gottebenbildlichkeit im Christentum, in dem der Mensch *wie Gott* handeln kann, würde im Islam keinesfalls auf Zustimmung treffen, da kein Mensch fähig ist, wie Gott zu handeln, da Gott allein der Allmächtige ist. Das Verständnis von Sünde ist jedoch sehr ähnlich. Wenn sich ein Mensch von Gott absondert und sich somit von Satan einnehmen lässt, sündigt er. [40] Betrachtet man nun das Verhältnis von Gott und Mensch im Christentum genauer, so erkennt man,

---

[36] Sölle, Dorothee: Der glücklichste Mensch! In: Gottfried Orth: Mach's wie Gott, werde Mensch. Jesus Christus heute. Religionsunterricht praktisch. Unterrichtsentwürfe und Arbeitshilfen für die Sekundarstufe II. Göttingen 2004. S. 48.

[37] Vgl. http://www.ekd.de/aktuell/61923.html.

[38] Vgl. http://www.efg-hohenstaufenstr.de/downloads/texte/islam_christentum_vergleich.html.

[39] Die Evangelische Kirche in Deutschland (Hrsg.): Die Bibel. Nach der Übersetzung Martin Luthers. Bibeltext in der revidierten Fassung von 1984. Lutherbibel Sonderausgabe. Stuttgart 1991.

[40] Vgl. http://www.islaminstitut.de/uploads/media/BusseundVergebung.pdf#.

dass auch Paulus in seinem Römerbrief (Röm 3) von dem fehlerfreundlichen Gott und dessen Gerechtigkeit, die er dem Menschen entgegenbringt, spricht:

„Gott nimmt uns an, so wie wir sind: Gott glaubt an uns, er hält uns die Treue, so wie kein Mensch an mich glaubt und je glauben kann, der mich auch nur etwas kennt. Gott vertraut uns, obwohl er uns kennt. Und das ändert alles." (Frank Crüsemann) [41]

Martin Luther hat mit seiner Rechtfertigungslehre, die an die Theologie Paulus' anknüpft und in der der Mensch Sünder und Gerechter *zugleich* ist (=simul iustus et peccator) [42], das Verständnis von der Gerechtigkeit Gottes im Wesentlichen geprägt. Dieses Verständnis beruht auf folgender Bibelstelle des Paulus:

„Denn darin [im Evangelium] wird offenbart die Gerechtigkeit, die vor Gott gilt, welche kommt aus Glauben in Glauben; wie geschrieben steht (Habakuk 2,4): >>Der Gerechte wird aus Glauben leben.<<." (Röm 1,17) [43]

Luther verstand die in der Paulus-Bibelstelle erwähnte „Gerechtigkeit Gottes" erst nach intensiver Beschäftigung als passive Gerechtigkeit:

„Durch das Evangelium wird die Gerechtigkeit Gottes offenbart, nämlich, die passive, durch welche uns der barmherzige Gott durch den Glauben rechtfertigt." [44]

Das bedeutet konkret: Der Sünder ist vor Gott, ohne das Vollbringen guter Werke, allein durch seinen Glauben, gerecht. Der Mensch ist dabei passiv, Gott hingegen agiert aktiv; Gott schenkt dem Menschen die Vergebung der Sünden durch das Senden seines Sohnes Jesus Christus. Der Mensch muss das Geschenk Gottes nur annehmen. [45] Aus dieser Erkenntnis entwickelte Luther die vier Säulen seiner Rechtfertigungslehre, in der der Mensch durch Gott in Jesus Christus gerecht wird: „allein aus Glaube" (sola fide), „allein aus Gnade" (sola gratia), „allein durch Christus" (solus Christus) und „allein die Schrift" (sola scriptura). [46] Diese Pfeiler Der Rechtfertigungslehre lassen sich mit den Ansichten des Islams nicht direkt vergleichen, da die vier Säulen auf der Rechtfertigung des Sünders *durch Jesus Christus* basieren. Wenn man versucht, Parallelen in Hinblick auf die Versöhnung im Islam zu finden, könnte man abgewandelt sagen, dass im Islam „allein der Glaube an

---

[41] Orth, Gottfried: Gnade. In: Britta Hübener, Gottfried Orth (Hrsg.): Wörter des Lebens. Das ABC evangelischen Denkens. Stuttgart 2007. S. 101/102.

[42] Vgl. Ebeling, Gerhard: Luther. Einführung in sein Denken. Tübingen 1964. S. 198-238.

[43] Die Evangelische Kirche in Deutschland (Hrsg.): Die Bibel. Nach der Übersetzung Martin Luthers. Bibeltext in der revidierten Fassung von 1984. Lutherbibel Sonderausgabe. Stuttgart 1991.

[44] Aland, Kurt: Luther Deutsch. Die Werke Martin Luthers in neuer Auswahl für die Gegenwart. Martin Luther. Der Reformator. Stuttgart/ Göttingen 2., durchgesehene Auflage 1981. S. 20.

[45] Vgl. ebd. S. 19/20.

[46] Vgl. Jüngel, Eberhard: Das Evangelium von der Rechtfertigung des Gottlosen als Zentrum christlichen Glaubens. Tübingen 1998.

Allah" zählt und dass Allahs Barmherzigkeit, die er dem Menschen schenkt, wenn er an ihn glaubt, aus Allahs Allmächtigkeit resultiert. „Allein der Koran" gilt als das offenbarte Wort Gottes.

4.2 Jesus Christus im Christentum

Was ist Christologie überhaupt genau? Christologie fragt danach: Wer ist dieser Jesus überhaupt (Frage nach der Person Jesu)? Was hat er für uns bzw. für mich persönlich getan (Frage nach den Taten Jesu)? Christologie braucht stets Reflexion. Man muss sich die Frage nach der Bedeutung immer wieder aufs Neue stellen. Wenn man sich nun fragt, wer dieser Jesus ist, denkt man möglicherweise darüber nach, worin der Unterschied zwischen dem Titel „Jesus Christus" und „Jesus von Nazareth" liegt. „Jesus von Nazareth" ist der historische Mensch, von dem relativ gut bezeugt ist, dass er gelebt hat. Der „Christus" bzw. der „Messias" ist ein Hoheitstitel Jesu und bedeutet der „Gesalbte". Jesus Christus nennen wir den kerygmatischen, also den verkündigten Jesus, der gekreuzigt wurde und auferstanden ist. [47] Christus ist also „der Würdetitel, durch den ihn der Glaube bekennt als den, der gegenwärtig Herr und Heiland ist." [48]

Wenn wir nun auf die Vergangenheit zurückblicken, so wurde im Konzil der Alten Kirche im Jahre 451 der Arianische Streit um das Wesen Jesu beendet: Die zwei Naturen in der einen Person Jesu wurden dogmatisch formuliert. Die Zwei-Naturen-Lehre besagt, dass Jesus zwei Nauren hat, diese sind aber ungesondert bzw. ungetrennt in seiner Person; Jesus ist halb Mensch, halb Gott. Dieser Gedanke wurde in Artikel drei der „Confessio Augustana" (1530) festgehalten. Dieses Bekenntnis wurde während der Reformationszeit formuliert. Es gilt noch heute als wesentliches Bekenntnis der lutherischen Kirchen. [49] [50]

Wie bereits, in Bezug auf den Sündenfall erwähnt, ist der Mensch mit der Erbsünde belastet; Versöhnung mit Gott ist nur durch Jesu Tod am Kreuz möglich. Deshalb gilt das Kreuz als das zentrale christliche Symbol. Wenn wir das Kreuz nun in seiner theologischen Bedeutsamkeit betrachten, so erkennt man in den neutestamentlichen

---

[47] Vgl. Wehnert, Jürgen: Seminar „Jesus von Nazareth".
[48] Ebeling, Gerhard: An Jesus glauben. In: Gottfried Orth: Mach's wie Gott, werde Mensch. Jesus Christus heute. Religionsunterricht praktisch. Unterrichtsentwürfe und Arbeitshilfen für die Sekundarstufe II. Göttingen 2004. S. 41.
[49] Vgl. Wiedenroth-Gabler, Ingrid: Seminar „Christologie".
[50] Vgl. Melanchthon, Philipp: Aus der Confessio Augustana von 1530. In: Gottfried Orth: Mach's wie Gott, werde Mensch. Jesus Christus heute. Religionsunterricht praktisch. Unterrichtsentwürfe und Arbeitshilfen für die Sekundarstufe II. Göttingen 2004. S. 88.

Schriften des Paulus, dass dieser nicht das Geschehen, sondern Jesus Christus als den Gekreuzigten ins Zentrum des theologischen Interesses stellt. Er betont die für den Menschen existentielle Bedeutung, dass Christus für uns gestorben ist: [51]

„Denn als erstes habe ich euch weitergegeben, was ich auch empfangen habe: Daß Christus gestorben ist für unsre Sünden nach der Schrift [...]." (1.Kor 15, 3) [52]

Diese „theologiae crucis" (Theologie des Kreuzes) nach Luther besagt genau dies. Die theologiae crucis beinhaltet nämlich, dass Gott soweit geht, dass er sich selbst ans Kreuz nageln lässt. Luther macht aus dem mächtigen Gott den ohnmächtigen. Er beschreibt also, dass Gott ins Leiden der Menschen hinein geht. Auch Karl Barth charakterisiert Gott als den leidenden, der das Heil der Menschen will: „Gott will verlieren, damit der Mensch gewinne." [53] Unter anderem aufgrund dessen wirft der Islam dem Christentum einen „falschen" Gottesbegriff vor. Denn im Islam ist Gott vielmehr der Allmächtige, Allwissende, Allweise und nicht der Leidende. [54]

Wichtige Theologen wie Karl Barth und Dietrich Bonhoeffer haben den Gedanken der Menschlichkeit Gottes intensiv durchdacht. Einige interessante Aussagen zur Menschlichkeit Gottes möchte ich an dieser Stelle festhalten.

Wenn wir Menschen unseren Blick auf einen einzigen Punkt, nämlich auf Jesus Christus richten, dann können wir Gott erkennen. Gott offenbart sich uns Menschen in Jesus Christus. [55] Der Bund zwischen Gott und dem Menschen, in dem wir Gottes Willen erkennen sollen, wird uns in Jesus Christus offenbart. Dieser Bund ist sogar fast älter als die Schöpfung, weil Gott, noch ehe er die Welt geschaffen hat, die Gemeinschaft mit dem Menschen wollte. Diese Gemeinschaft wurde dann wahr und offenbar in Jesus Christus. [56]

Gott ist immanent und möchte mit dem Menschen zusammen sein. Seine Göttlichkeit erweist sich darin, dass er als Mensch, als überlegener Partner des Menschen existiert und lebendig handelt. Gottes Göttlichkeit beinhaltet seine Menschlichkeit. In

---

[51] Vgl. Wiedenroth-Gabler, Ingrid: Seminar „Christologie".

[52] Die Evangelische Kirche in Deutschland (Hrsg.): Die Bibel. Nach der Übersetzung Martin Luthers. Bibeltext in der revidierten Fassung von 1984. Lutherbibel Sonderausgabe. Stuttgart 1991.

[53] Barth, Karl: Die Gnade als die einzig denkbare Perspektive des Menschenlebens erkennen. In: Gottfried Orth: Mach's wie Gott, werde Mensch. Jesus Christus heute. Religionsunterricht praktisch. Unterrichtsentwürfe und Arbeitshilfen für die Sekundarstufe II. Göttingen 2004. S. 37.

[54] Vgl. Weber, Friedrich: Seminar „Kirchengeschichte".

[55] Vgl. Barth, Karl: In Jesus Christus Gott erkennen. In: Gottfried Orth: Mach's wie Gott, werde Mensch. Jesus Christus heute. Religionsunterricht praktisch. Unterrichtsentwürfe und Arbeitshilfen für die Sekundarstufe II. Göttingen 2004. S. 36.

[56] Vgl. Barth, Karl: Im Bund zwischen Gott und Mensch Gottes Willen erkennen. In: Gottfried Orth: Mach's wie Gott, werde Mensch. Jesus Christus heute. Religionsunterricht praktisch. Unterrichtsentwürfe und Arbeitshilfen für die Sekundarstufe II. Göttingen 2004. S. 36.

Jesus Christus vollzieht sich der Bund, also das Zusammentreffen bzw. das Zusammensein Gottes mit dem Menschen. Gott offenbart sich dem Menschen in seinem Sohn Jesus Christus als Mensch: [57]

„Im Spiegel dieser Menschlichkeit Jesu Christi offenbart sich die in seiner Göttlichkeit eingeschlossene Menschlichkeit Gottes." (Karl Barth) [58]

„Ecce homo"- sehet, welch ein Mensch! In ihm geschah die Versöhnung der Welt mit Gott." [59]

So beginnt Dietrich Bonhoeffers Beschreibung Jesu. Jesu Besonderheit für die Menschen, die durch ihn Versöhnung erlangt haben, wird deutlich. Gott liebt den Menschen, deshalb vereint er sich mit dem Menschen, in dem er, Gott selbst, wirklicher Mensch wird. Gott hat leibhaftig das Menschsein angenommen, so dass er das Leid aller Menschen auf sich nimmt und trägt. Diese Menschwerdung Gottes tut Gott aus Liebe zu den Menschen. In dem Menschen Jesus Christus zeigt sich Gott als der Mitleidende und trägt im Zuge dessen das Leid der gesamten Menschheit. Jesus ist nicht irgendein Mensch, er ist *der* Mensch und was an ihm geschieht, das geschieht auch an uns Menschen. [60]

Für Bonhoeffer besteht die echte Gotteserfahrung nicht darin, Gottes Allmacht zu erkennen (wie es im Islam der Fall ist), sondern die wirkliche Erfahrung mit Gott macht der Mensch in der Begegnung mit Jesus Christus. Jesus ist für andere da. Dieses „Für-andere-Dasein Jesu" ist die transzendente Erfahrung mit Gott. Gott ist in Jesus „der Mensch für andere". Jesus ist wiederum der aus dem Transzendenten (Gott) lebende Mensch. [61]

Im Koran wäre die Menschlichkeit Gottes, wie ich bereits zuvor schon intensiv erläutert habe, nie denkbar. Gott ist keinesfalls immanent als Mensch auf der Welt; er ist transzendent und steht über allen Menschen aufgrund seiner alleinigen Göttlichkeit.

Wie ich bereits in meinen Ausführungen zum Islam beschrieben habe, besteht seitens des Islams eine große Schwierigkeit in der Akzeptanz und im Verständnis der

---

[57] Vgl. Barth, Karl: In Gottes Göttlichkeit zugleich seine Menschlichkeit erkennen. In: Gottfried Orth: Mach's wie Gott, werde Mensch. Jesus Christus heute. Religionsunterricht praktisch. Unterrichtsentwürfe und Arbeitshilfen für die Sekundarstufe II. Göttingen 2004. S. 37.

[58] Ebd. S. 37.

[59] Bonhoeffer, Dietrich: Ecce homo! In: Gottfried Orth: Mach's wie Gott, werde Mensch. Jesus Christus heute. Religionsunterricht praktisch. Unterrichtsentwürfe und Arbeitshilfen für die Sekundarstufe II. Göttingen 2004. S. 39.

[60] Vgl. ebd. S. 39/40.

[61] Vgl. Bonhoeffer, Dietrich: Dasein für andere. In: Gottfried Orth: Mach's wie Gott, werde Mensch. Jesus Christus heute. Religionsunterricht praktisch. Unterrichtsentwürfe und Arbeitshilfen für die Sekundarstufe II. Göttingen 2004. S. 40.

Trinität. An Stelle von Respekt und Akzeptanz der Trinität, wirft der Islam dem Christentum einen polytheistischen Gottesbegriff vor. Christen glauben seit knapp 2000 Jahren an den „dreieinigen" Gott. [62] Den Glauben an die Trinität (Dreieinigkeit), zu der der Vater, der Sohn und der Heilige Geist gehört, bekennen Christen heute in den evangelischen Kirchen mit dem Apostolischen Glaubensbekenntnis. Vergleiche dazu einen groben Auszug aus diesem wesentlichen, elementaren Bekenntnis:

„Ich glaube an Gott, den Vater, den Allmächtigen, den Schöpfer des Himmels und der Erde. Und an Jesus Christus, seinen eingeborenen Sohn, unsern Herrn [...] Ich glaube an den heiligen Geist [...]." [63]

Im Athanasianischen Glaubensbekenntnis, das zwischen dem 4. und 6. Jahrhundert verfasst wurde, wurde die Trinitätslehre der Kirche vorbildlich formuliert; hier einige maßgebliche Auszüge aus dem Athanasianischen Glaubensbekenntnis zum Verständnis der Trinität:

„Wir verehren den einen Gott in der Dreifaltigkeit und die Dreifaltigkeit in der Einheit, ohne Vermischung der Personen und ohne Trennung der Wesenheit." [64]

„Unerschaffen (unermesslich, ewig, allmächtig) ist der Vater, unerschaffen (unermesslich, ewig, allmächtig) ist der Sohn, unerschaffen (unermesslich, ewig, allmächtig) ist der Heilige Geist." [65]

„Und in dieser Dreieinigkeit ist nichts früher oder später, nichts größer oder kleiner, sondern alle drei Personen sind untereinander gleich ewig und gleichartig, so daß in allem, wie oben schon gesagt wurde, sowohl die Einheit in der Dreieinigkeit als auch die Dreieinigkeit in der Einheit zu verehren ist." [66]

In diesem Bekenntnis zeigt sich unverkennbar, dass die Dreifaltigkeit (Vater, Sohn und Heiliger Geist) eine Einheit ist. Der Glaube des Tritheismus (Anbetung von drei Göttern), der den Christen heutzutage häufig u.a. vom Islam vorgeworfen wird, wird durch das Athanasianische Glaubensbekenntnis eindeutig entgegengewirkt. [67]

5. Eigene theologische Position

Ich wollte im Verlauf meiner Hausarbeit der Frage nachgehen, ob es einen anregenden Dialog zwischen Christen und Muslimen in Bezug auf Jesus geben kann und inwiefern sich dieser gestalten könnte.

---

[62] Vgl. Welker, Michael: Trinität. In: Britta Hübener, Gottfried Orth (Hrsg.): Wörter des Lebens. Das ABC evangelischen Denkens. Stuttgart 2007. S. 232.

[63] Das Apostolische Glaubensbekenntnis. In: Gottfried Orth: Mach's wie Gott, werde Mensch. Jesus Christus heute. Religionsunterricht praktisch. Unterrichtsentwürfe und Arbeitshilfen für die Sekundarstufe II. Göttingen 2004. S. 85.

[64] http://www.glaube-ist-hoffnung.de/KirchengemeindeNordRuegen.php?n=Glaube.Glaubensbekenntnis.

[65] Welker: A.a.O., S. 232/233.

[66] http://www.glaubensstimme.de/doku.php?id=athanasium.

[67] Vgl. Welker: A.a.O., S. 232/233.

Wenn man sich Gedanken diesbezüglich macht, geht es nicht darum, grundlegende Unterschiede, d.h. was Islam und Christentum trennt, aufzuzeigen. Das würde eher das Freund-Feind-Denken frei nach dem Motto: „Ihr habt ein falsches Jesusbild und müsst darum bekämpft und bekehrt werden." schüren. Solche Zeiten der Gewalt müssten beide Religionen überwunden haben. Heutzutage sollte vielmehr ein fruchtbarer Dialog angestrebt werden, der zwar die unterschiedlichen Jesusinterpretationen der beiden Religionen akzeptiert, sich aber auch traut nach Gemeinsamkeiten, Verbindungen, ja zumindest nach möglichen Annäherungspunkten bezüglich des Jesus-Bildes in den beiden Religionen zu fragen.

Es gibt einige Konsenspunkte in den Aussagen über Jesus (z.B. Jesus als Prophet, Jesu Geburt durch die Jungfrau Maria, die Wundertaten Jesu, etc.). Diese Gemeinsamkeiten stimmen zwar nicht absolut überein und es gibt innerhalb der eben genannten gemeinsamen Aussagen in sich noch Differenzen. Dennoch müssen kleinste Übereinstimmungen hervorgehoben und näher beleuchtet werden.

Des Weiteren sollte der Grundkonsens auf einem theozentrischen Verständnis basieren, d.h. Jesus hat sich als Diener dem Einen und Einzigen Gott untergeordnet (Mk 10,45; Sure 19,30).

Eine gemeinsame Christologie sollte ihren Schwerpunkt auf dem Verständnis Jesu als Propheten haben und nicht darüber hinausgehen. Im Koran sowie im Neuen Testament wird zwar erwähnt, dass Jesus „mehr als ein Prophet war", trotzdem sollte Jesu Bedeutsamkeit immer konsequent von Gott als denjenigen, der ausschließlich anzubeten ist, abgegrenzt werden.

Überdies sollte Jesus der Repräsentant Gottes, der die Barmherzigkeit und den Willen Gottes offenbart, diskutiert werden. Er ist dabei aber nicht Gott, da er als Mensch selbst auf Gottes Erbarmen angewiesen ist und sich als Diener Gottes verpflichtet hat, Gottes Willen zu tun. Darin gleicht Jesus seinem Nachfolger, dem Propheten Muhammad.

Zudem könnten Christen und Muslime über Jesus als Wunderheiler, der allerdings nur durch den „Geist Gottes" dazu bemächtigt und befähigt ist, sprechen.

Darüber hinaus sollte sich der muslimisch-christliche Dialog mit ethischen Fragen wie z.B. der Nachfolge Jesu auseinandersetzen. Die möglichen Konsequenzen der Nachfolge sollten in den Mittelpunkt des Interesses rücken; d.h. konkret, die praktische Umsetzung im Sinne der Nachfolge heute zu beachten, also wie Muslime und Christen im Horizont der Zukunft versöhnlich miteinander umgehen könnten. Wenn die Nachahmung Jesu aufgrund der ausschließlichen Hingabe an den Gott, der barmherzig ist und vergibt, geschieht, können Moslems und Christen „um die Wette" danach eifern, Gutes zu vollbringen (Galater 6,9-10; Sure 2,148). [68]

Weiterhin kommt Josef Imbach, der Verfasser des Buchs mit dem Titel „Wem gehört Jesus?" zu dem Schluss, dass Jesus allen gehört, da er allen Menschen an seiner Gotteserfahrung teilhaben lässt. Genauso gehört Mose und Muhammad allen. Diese großen Persönlichkeiten haben bloß für die jeweiligen Menschen, die sich auf sie berufen, eine zusätzliche Bedeutsamkeit. [69] Der Buchtitel ist höchstwahrscheinlich so gewählt, um das Interesse des Lesers hinsichtlich der Bedeutung Jesu im Christentum, Islam und Judentum zu wecken. Innerhalb eines Dialogs zwischen Christen und Muslimen würde ich diese Frage „Wem gehört Jesus?" nicht gesondert stellen und eher unpassend finden, da es gar nicht darum geht, herauszufinden, dass Jesus allen gehört. Das muss schon als selbstverständliche Voraussetzung und Tatsache gelten, wenn Muslime mit Christen über Jesus sprechen, ansonsten würde vielleicht eher die Gefahr des oben bereits erwähnten „Freund-Feind-Denkens" aufkommen.

Um diesem „Freund-Feind-Denken" entgegenzuwirken und um die Auffassung der wechselseitige Ergänzung der beiden Religionen in den Vordergrund zu rücken, müsste ein christlich-muslimisches Gespräch über Jesus, der ja der bedeutungsvollste „Prophet" und sogar mehr für Christen ist, weiterführen zum Gespräch über den wichtigsten Propheten der Muslime, d.h. über Muhammad. [70]

Allerdings denke ich, dass sich der Dialog über Muhammed auf christlicher Seite schwieriger gestalten könnte, weil Muhammed keine richtige Verbindung zum christlichen Glauben aufweist. Jesus wird immerhin im Koran als wichtiger Prophet erwähnt. Muhammad hingegen wird nicht explizit in der Bibel genannt. Vielleicht könnte man den Dialog so gestalten, dass man Muhammad in Bezug auf Jesus betrachtet, also welche Bedeutung Muhammad als Nachfolger Jesu zukommt.

Alles in allem habe ich versucht, mögliche Berührungspunkte hinsichtlich des Jesus-Bildes von Christen und Moslems darzustellen. Dabei ist mir aufgefallen, dass es in

---

[68] Vgl. Bauschke, Martin: Jesus im Koran und im Islam. In: Evangelische Akademien in Deutschland (Hrsg.): Christen und Muslime. Verantwortung zum Dialog. Darmstadt 2006. S.128-130.

[69] Vgl. Imbach, Josef: Wem gehört Jesus? Seine Bedeutung für Juden, Christen und Moslems. München 1989. S. 154.

[70] Vgl. Bauschke: A.a.O., S. 130.

der Realität wahrscheinlich gar nicht so einfach ist, diese eben von mir angeführten Gemeinsamkeiten bezüglich des Jesus-Bildes in der Praxis innerhalb eines interreligiösen Gesprächs als solche herauszustellen. Es könnte schnell zu Missverständnissen und Schwierigkeiten im Dialog kommen, da es manchmal schon auf spezifische Begrifflichkeiten und ganz bestimmte Formulierungen ankommt.

Damit es überhaupt zu einem Dialog kommen kann, müssen die Muslime sich überhaupt erst einmal „überwinden" und auf einen „Dialog über Jesus" einlassen. Jesus ist zwar im Koran als einer der wichtigsten Prophet bezeugt; er weist aber nur auf den für Muslime bedeutsamsten Propheten Muhammad hin. Somit hat Jesus längst nicht die elementare Bedeutung für Muslime, wie er sie für Christen hat.

Aus christlicher Sicht könnte man anmerken, dass die Kompromissbereitschaft sehr hoch sein müsste, da Christen zwar über Jesus als bedeutsamen Propheten sprechen können; sie dürften ihn aber nicht in seiner vollständigen christlichen Bedeutsamkeit als Sohn Gottes, der gekreuzigt wurde oder als derjenige, der einen Teil der Trinität ausmacht, darstellen, da Muslime diese Gedanken völlig ablehnen.

Abschließend kann also gesagt werden, dass beide Dialogpartner sehr vorsichtig und vorurteilsfrei miteinander umgehen sollten und sich in acht nehmen müssten, den anderen in seinen fundamentalen Sichtweisen nicht zu verletzen. Deshalb ist notwendig, dass Christen und Muslime beiderseits Kompromisse eingehen. Nur so kann möglichen Missverständnissen entgegengewirkt werden und nur so ist ein Dialog überhaupt möglich.

6. Literaturverzeichnis

-Barth, Karl: Die Gnade als die einzig denkbare Perspektive des Menschenlebens erkennen. In: Gottfried Orth: Mach's wie Gott, werde Mensch. Jesus Christus heute. Religionsunterricht praktisch. Unterrichtsentwürfe und Arbeitshilfen für die Sekundarstufe II. Göttingen 2004. S. 37.

-Barth, Karl: Im Bund zwischen Gott und Mensch Gottes Willen erkennen. In: Gottfried Orth: Mach's wie Gott, werde Mensch. Jesus Christus heute. Religionsunterricht praktisch. Unterrichtsentwürfe und Arbeitshilfen für die Sekundarstufe II. Göttingen 2004. S. 36.

-Barth, Karl: In Gottes Göttlichkeit zugleich seine Menschlichkeit erkennen. In: Gottfried Orth: Mach's wie Gott, werde Mensch. Jesus Christus heute. Religionsunterricht praktisch. Unterrichtsentwürfe und Arbeitshilfen für die Sekundarstufe II. Göttingen 2004. S. 37.

-Barth, Karl: In Jesus Christus Gott erkennen. In: Gottfried Orth: Mach's wie Gott, werde Mensch. Jesus Christus heute. Religionsunterricht praktisch. Unterrichtsentwürfe und Arbeitshilfen für die Sekundarstufe II Göttingen 2004. S. 36.

-Bauschke, Martin: Jesus im Koran. Köln, Weimar, Wien 2001.

-Bauschke, Martin: Jesus im Koran und im Islam. In: Evangelische Akademien in Deutschland (Hrsg.): Christen und Muslime. Verantwortung zum Dialog. Darmstadt 2006. S. 113-131.

-Bonhoeffer, Dietrich: Dasein für andere. In: Gottfried Orth: Mach's wie Gott, werde Mensch. Jesus Christus heute. Religionsunterricht praktisch. Unterrichtsentwürfe und Arbeitshilfen für die Sekundarstufe II. Göttingen 2004. S. 40.

-Bonhoeffer, Dietrich: Ecce homo! In: Gottfried Orth: Mach's wie Gott, werde Mensch. Religionsunterricht praktisch. Unterrichtsentwürfe und Arbeitshilfen für die Sekundarstufe II. Jesus Christus heute. Göttingen 2004. S. 39/40.

-Bormann, Lukas: Neues Testament. In: Gottfried Orth (Hrsg.): Theologie kompakt. Stuttgart 2003.

-Das Apostolische Glaubensbekenntnis. In: Gottfried Orth: Mach's wie Gott, werde Mensch. Jesus Christus heute. Religionsunterricht praktisch. Unterrichtsentwürfe und Arbeitshilfen für die Sekundarstufe II. Göttingen 2004. S. 85.

-Die Evangelische Kirche in Deutschland (Hrsg.): Die Bibel. Nach der Übersetzung Martin Luthers. Bibeltext in der revidierten Fassung von 1984. Lutherbibel Sonderausgabe. Stuttgart 1991.

-Ebeling, Gerhard: An Jesus glauben. In: Gottfried Orth: Mach's wie Gott, werde Mensch. Jesus Christus heute. Religionsunterricht praktisch. Unterrichtsentwürfe und Arbeitshilfen für die Sekundarstufe II. Göttingen 2004. S. 41/42.

-Ebeling, Gerhard: Luther. Einführung in sein Denken. Tübingen 1964. S. 198-238.

-Imbach, Josef: Wem gehört Jesus? Seine Bedeutung für Juden, Christen und Moslems. München 1989.

-Jüngel, Eberhard: Das Evangelium von der Rechtfertigung des Gottlosen als Zentrum christlichen Glaubens. Tübingen 1998.

-Krötke, Wolf: Sind monotheistische Religionen besonders >>anfällig<< für Gewalt? In: Reinhard Hempelmann, Johannes Kandel (Hrsg.): Religionen und Gewalt. Konflikt- und Friedenspotentiale in den Weltreligionen. Band 51. Göttingen 2006. S. 47-62.

-Luther, Martin: Gerechtigkeit Gottes. In: Eberhard Jüngel: Das Evangelium von der Rechtfertigung des Gottlosen als Zentrum christlichen Glaubens. Tübingen 1998.

-Melanchthon, Philipp: Aus der Confessio Augustana von 1530. In: Gottfried Orth: Mach's wie Gott, werde Mensch. Jesus Christus heute. Religionsunterricht praktisch. Unterrichtsentwürfe und Arbeitshilfen für die Sekundarstufe II. Göttingen 2004. S. 88.

-Orth, Gottfried: Gnade. In: Britta Hübener, Gottfried Orth (Hrsg.): Wörter des Lebens. Das ABC evangelischen Denkens. Stuttgart 2007. S. 98-103.

-Schedl, Claus: Muhammad und Jesus. Die christologisch relevanten Texte des Korans neu übersetzt und erklärt von Claus Schedl. Wien 1978.

-Sölle, Dorothee: Der glücklichste Mensch! In: Gottfried Orth: Mach's wie Gott, werde Mensch. Jesus Christus heute. Religionsunterricht praktisch. Unterrichtsentwürfe und Arbeitshilfen für die Sekundarstufe II. Göttingen 2004. S. 47/48.

-Weber, Friedrich: Seminar „Kirchengeschichte".

-Wehnert, Jürgen: Seminar „Jesus von Nazareth".

-Welker, Michael: Trinität. In: Britta Hübener, Gottfried Orth (Hrsg.): Wörter des Lebens. Das ABC evangelischen Denkens. Stuttgart 2007. S. 232-234.

Internetadressen:

-Bechmann, Ulrike: Die Barmherzigkeit Gottes im Islam. Verfügbar über: http://www.al-sakina.de/inhalt/artikel/amg/bechm/bechm.html. Datum des Zugriffs: 14.02.2009.

-Das Athanasium. Verfügbar über: http://www.glaubensstimme.de/doku.php?id=athanasium. Datum des Zugriffs: 15.03.2009.

-Das Athanasianische Bekenntnis "Symbolum Athanasianum". Verfügbar über: http://www.glaube-ist-hoffnung.de/KirchengemeindeNordRuegen.php?n=Glaube.Glaubensbekenntnis. Datum des Zugriffs: 11.03.2009.

-Die Surenwahl. Verfügbar über: http://www.chj.de/Koran/Einzelsuren/Arab_Koran_Surenwahl.html#Start. Datum des Zugriffs: 20.02.2009.

-Schirrmacher, Christine: Buße und Vergebung im Islam. Verfügbar über: http://www.islaminstitut.de/uploads/media/BusseundVergebung.pdf#. Datum des Zugriffs: 14.02.2009.

-Schirrmacher, Christine: Islam und Christentum in Vergleich. Wichtige Lehren werden gegenübergestellt. Verfügbar über: http://www.efg-hohenstaufenstr.de/downloads/texte/islam_christentum_vergleich.html. Datum des Zugriffs: 14.02.2009.

-Wagner, Rainer: Abrahamitische Religionen. Verfügbar über: http://www.bible-only.org/german/handbuch/Abrahamitische_Religionen.html. Datum des Zugriffs: 05.03.2009.

-Weber, Friedrich: Keine kleinen Vergehen, sondern Trennendes. Verfügbar über: http://www.ekd.de/aktuell/61923.html. Datum des Zugriffs: 15.03.2009.